BEI GRIN MACHT SICH IHR WISSEN BEZAHLT

- Wir veröffentlichen Ihre Hausarbeit, Bachelor- und Masterarbeit

- Ihr eigenes eBook und Buch - weltweit in allen wichtigen Shops

- Verdienen Sie an jedem Verkauf

Jetzt bei www.GRIN.com hochladen und kostenlos publizieren

GRIN

Marcel Schulz

Aus der Reihe: e-fellows.net schüler-wissen

e-fellows.net (Hrsg.)

Band 4

Die charismatische Herrschaft Adolf Hitlers. Analyse seiner Redekunst

GRIN Verlag

Bibliografische Information der Deutschen Nationalbibliothek:

Die Deutsche Bibliothek verzeichnet diese Publikation in der Deutschen National-
bibliografie; detaillierte bibliografische Daten sind im Internet über http://dnb.d-
nb.de/ abrufbar.

Dieses Werk sowie alle darin enthaltenen einzelnen Beiträge und Abbildungen
sind urheberrechtlich geschützt. Jede Verwertung, die nicht ausdrücklich vom
Urheberrechtsschutz zugelassen ist, bedarf der vorherigen Zustimmung des Verla-
ges. Das gilt insbesondere für Vervielfältigungen, Bearbeitungen, Übersetzungen,
Mikroverfilmungen, Auswertungen durch Datenbanken und für die Einspeicherung
und Verarbeitung in elektronische Systeme. Alle Rechte, auch die des auszugsweisen
Nachdrucks, der fotomechanischen Wiedergabe (einschließlich Mikrokopie) sowie
der Auswertung durch Datenbanken oder ähnliche Einrichtungen, vorbehalten.

Impressum:

Copyright © 2013 GRIN Verlag GmbH
Druck und Bindung: Books on Demand GmbH, Norderstedt Germany
ISBN: 978-3-656-53201-9

Dieses Buch bei GRIN:

http://www.grin.com/de/e-book/263917/die-charismatische-herrschaft-adolf-hitlers-
analyse-seiner-redekunst

GRIN - Your knowledge has value

Der GRIN Verlag publiziert seit 1998 wissenschaftliche Arbeiten von Studenten, Hochschullehrern und anderen Akademikern als eBook und gedrucktes Buch. Die Verlagswebsite www.grin.com ist die ideale Plattform zur Veröffentlichung von Hausarbeiten, Abschlussarbeiten, wissenschaftlichen Aufsätzen, Dissertationen und Fachbüchern.

Besuchen Sie uns im Internet:

http://www.grin.com/

http://www.facebook.com/grincom

http://www.twitter.com/grin_com

Johannes Althusius Gymnasium Emden

Geschichte Seminarfach

Zweites Semester der Oberstufe 2012/2013

Die charismatische Herrschaft Adolf Hitlers.

Analyse seiner Redekunst.

Marcel Schulz

Inhaltsverzeichnis

1. Einleitung

Zwölf Jahre drei Monate und neun Tage dauerte die Herrschaft Adolf Hitlers, dem letzten Diktator der deutschen Geschichte, welcher bis heute im Geist der Bevölkerung vorhanden ist. Ein jeder hat das Aussehen, des ehemals so sehr geliebten und heutzutage bei der deutlichen Mehrheit des Volkes so sehr unbeliebten Führers in Erinnerung. So sind jedem wohl auch Fotos des Diktators vor Augen, bei welchen er mit offensichtlich fanatischer Mimik und Gestik kämpferische Reden hält und eine entsprechende Reaktion der Zuschauer erhält. Eine Reaktion, die ebenso fanatisch war. Wie konnte es einem Mann, einem Österreicher gelingen, als deutscher Diktator der mächtigste Mensch Europas zu werden und binnen einhundert Tagen aus einem demokratischen Staat einen despotischen zu machen[1]? Wie konnte er einen der grausamsten Kriege, welcher auch viele deutsche Opfer fordern sollte im Volk legitimieren[2]? Hitlers Rhetorik ist für seinen Aufstieg vom Gefreiten zum Reichskanzler und schließlich zum Despoten von großer Bedeutung[3].. Doch wie war es ihm mittels seiner Reden möglich Millionen Menschen von seiner Meinung zu überzeugen? Sogar das Parlament, der Reichstag, die höchste demokratische Instanz in Deutschland löste sich selbst auf, in dem es dem sog. Ermächtigungsgesetzt zustimmte und Hitler so zum Alleinherrscher machte[4]. Die meisten Deutschen liebten ihren Führer und wenn sie ihn nicht liebten, hatten sie großen Respekt vor ihm[5]. Was machte das Auftreten des Führers des Dritten Reichs aus und wie waren seine Reden aufgebaut? Ich werde die Rhetorik Adolf Hitlers analysieren und betrachten wie sein Charisma, mittels seiner Reden zum Ausdruck kam. Zu Beginn werde ich als Fundament der Arbeit erläutern, was eine charismatische Herrschaft bedeutet und welche Faktoren Hitlers politischen Aufschwung begünstigten. Auf Grund der sehr großen Materialbasis über Adolf Hitler selbst, ist die Möglichkeit sich über sein Leben zu informieren nicht von großer Schwierigkeit, anderseits ist das Beschaffen einer großen Zahl von Reden Hitlers nicht prätentiös. Mir vorliegend ist jedoch eine

---

[1] Gerechnet vom 30.01.1933 zum 10.05.1933, von der Ernennung Hitlers zum Reichskanzler bis zur Bücherverbrennung –also dem aktiven Verfolgen- der ungewollten Literatur. Aus einer Quelle vom 28.02.2013, 15:00 Uhr: http://www.daserste.de/information/reportage-dokumentation/dokus/sendung/rbb/nacht-ueber-deutschland-100.html

[2] Die Zahl an getöteten deutschen Zivilisten während und unmittelbar nach dem Zweiten Weltkrieg beträgt 9,4 Millionen. Aus einer Quelle vom 28.02.2013, 15:30 Uhr: http://www.professor-bellinger-berlin.de/hist_ma30.html

[3] Fest, Joachim: Hitler. Eine Biographie. 9. Auflage. Berlin 2006. Seite 113.

[4] Das Ermächtigungsgesetzt trat am 24. März 1933 in Kraft, Hitler war es nun möglich sämtliche Gesetze zu ändern wie es ihm beliebte. Die NSDAP hielt 340 der insgesamt 647 Sitze, da sie nicht die erforderliche 66,6 Prozent-Grenze erreichte, konnte sie das Gesetzt nicht beschließen. Die NSDAP änderte die Geschäftsordnung des Reichstages –auf legalem, demokratischem Wege- so, dass nicht anwesende Mandatsträger trotzdem zur Mindestanwesenheitszahl - 432 Abgeordnete- für Abstimmungen gezählt wurden. Schließlich stimmten 441 Abgeordnete für das Ermächtigungsgesetz. Aus einer Quelle vom 28.02.2013, 17:00 Uhr: http://www.zeit.de/1953/12/der-mythos-des-ermaechtigungsgesetzes

[5] Kershaw, Ian: Hitlers Macht. Das Profil der NS-Herrschaft. München 2001. Seite 16 ff.

Primärquelle, ein Buch, welches einige frühere Reden Adolf Hitlers enthält[6]. Ich werde im späteren Verlauf die Rede Hitlers „Judenparadies oder deutscher Volksstaat?" vom 27. April 1923 analysieren. Konklusiv lässt sich also sagen, dass die Quellenlage eine gute Basis bildet.

2. Hauptteil

2.1. Die allgemeine charismatische Herrschaft

Zunächst ist zu betrachten, was eine Charismatische Herrschaft ausmacht. Das Wort charismatisch ist das Adjektiv des Charismas, dies stammt aus dem Lateinischen und bedeutet soviel wie Geschenk oder auch göttliche Gabe [7] . Der heutige Wortsinn ist die Ausstrahlungskraft oder der Reiz einer Person. Vor allem zu erkennen an Gestik, Mimik und Sprachverhalten eines Menschen, hierbei wird bei Politikern vor allem von der Persuasion ihres Auftretens bzw. Redens gesprochen. Die Herrschaft stammt von dem mittelhochdeutschen Wort „Hērschaft"[8], was so viel bedeutet wie Hoheit, Würde, Obrigkeit oder auch ehrenvolles Amt. Herrschaft impliziert somit Würde und Ehre eines höhergestellten Weisungsbefugten. Heute sagen wir hierzu zum Beispiel Regierung. Bei der Zusammenführung beider Begriffe kommt man also zu einer ehrenvoll ausgeführten, mit besonders starker Ausdruckskraft und Persuasion versehenen Regierungsart, wobei sich eine charismatische Herrschaft auf die regierenden Menschen und nicht auf die Regierungsorgane bezieht. Diese Art der Herrschaft wurde in den zwanziger bis vierziger Jahren noch durch den politischen und wirtschaftlichen Gesamtkomplex in Mitteleuropa protegiert.

2.2.1 Die Faktoren die Hitlers Rhetorik einen Nährboden gaben

Im November 1918 endete der Erste Weltkrieg mit der Niederlage des Deutschen Kaiserreichs. Nachdem die Weimarer Republik[9] gebildet worden war, wurde durch die sog. Entente-Mächte[10] der Versailler Vertrag[11] entworfen. Dieser schränkte den deutschen Staat

---

[6] Dr. Boepple, Ernst (Hrsg.): Adolf Hitlers Reden. Deutscher Volksverlag. München 1934.
[7] Quelle, 06.03.2013, 17:07Uhr : http://de.pons.eu/dict/search/results/?q=charisma&l=dela&in=&lf=la
[8] Quelle, 06.03.2013, 17:10Uhr: http://www.duden.de/rechtschreibung/Herrschaft
[9] Phillipp Scheidemann rief am 09. November 1918 in Berlin die Republik aus, wenig später rief Karl Liebknecht die sog. „freie sozialistische Republik aus". Am 13. Februar 1919 wurde Phillip Scheidemann zum ersten Staatsoberhaupt Deutschlands gewählt. Quelle, 02.03.2013, 16:03 Uhr:
http://www.dhm.de/lemo/html/biografien/ScheidemannPhilipp/index.html
[10] Oder auch Tripleentente genannt, ist ein Bündnis der Staaten Russland, England und Frankreich während des Ersten Weltkriegs. Quelle, 06.03.2013, 18:03 Uhr:
http://www.dhm.de/lemo/html/wk1/kriegsverlauf/entente/index.html
[11] Der Name Versailler Vertrag wird bestimmt dadurch, dass der Vertrag vom damaligen Deutsch Außenminister Hermann Müller sowie vom Verkehrsminister Hermann Bell im Spiegelsaal des französischen Schlosses Versailles am

u.a. im militärischen Bereich ein[12]. Reparationszahlungen in großer Höhe[13] mussten ebenfalls von Deutschland geleistet werden, sowie die Abtretung einiger Gebiete an die Siegermächte[14]. Im Jahre 1923 kam es im Zuge der allgemeinen Unzufriedenheit wegen der Forderungen des Versailler Vertrags und der Besetzung des Ruhrgebiets zum Generalstreik. Durch die Abtretung der Gebiete mit den meisten Industrien kam es zu enormen wirtschaftlichen Einbußen und zur galoppierenden[15] und schließlich zur Hyperinflation. Nach einem ständigen auf und ab der Wirtschaft kam es final, im Oktober 1929 zum Kollaps der amerikanischen und schließlich der deutschen Börse. Die Arbeitslosenzahl stieg von 1,3 Millionen im Jahre 1929, auf 6 Millionen im Jahre 1933 an. Die Armut in der Bevölkerung wuchs rasant, da auch die Realeinkommen um rund dreißig Prozent sanken. Die Folgen waren neben Obdachlosigkeit, Beschaffungskriminalität und Straßenmusizieren auch der Freitod vieler Bürger.[16]

2.2.2 Die radikale Parteienlage

Für die radikalen Parteien war dies ein idealer Nährboden, so warben sie intensiv mit dem Spruch „Arbeit und Brot" um die Gunst der Wähler. Die KPD vertrat vor allem die Meinung der Linksextremen, der Kommunisten. Sie setzten sich hauptsächlich gegen das „herrschende Finanzkapital", die reichen Industriellen, Bankiers etc. und die Demokratie ein. Die Lösungen von Seiten der NSDAP verbreiten sich jedoch besser im Volke. Im Anschluss an die Wahl vom 05. März ist hier gut der Spruch zu nennen „Deutsche! Wehrt Euch! Kauft nicht bei Juden!"[17]. Die Formulierung suggeriert, dass der Jude an einem Problem Schuld sei, an welchem wird nicht gesagt. Da jenes Zitat jedoch auf einem, vor einem jüdischen Geschäft stehenden SA-Mann gehaltenen Schild zu lesen ist, ist von einer antithetischen Intention auszugehen. Das florierende, jüdische Geschäft steht im Gegensatz zu dem geschlossenen deutschen. Es wird latent dem Juden vorgeworfen, er habe sich an den Deutschen bereichert

28. Juni 1919 unterzeichnet wurde. Quelle, 06.03.2013, 18:05 Uhr:
http://www.dhm.de/lemo/html/weimar/versailles/index.html
[12] Das Heer Deutschlands durfte über maximal 100.000, die Marine über maximal 15.000 Soldaten verfügen. Große Kriegswaffen, sowie die Luftwaffe waren komplett verboten. Des Weiteren sollte die Weimarer Republik für hohe Reparationszahlungen aufkommen. Quelle, 06.03.2013, 18:20 Uhr:
http://www.dhm.de/lemo/html/weimar/versailles/index.html
[13] Festgesetzt wurde im Mai 1921 in London eine Summe in Höhe von 132 Milliarden Mark. Als Vertragsstrafe stand die Besetzung des Ruhrgebiets im Raum. So kam es im Jahr 1923 auch zur Besetzung dieses Gebiets. Quellen, 06.03.2013, 18:35 Uhr: http://www.dhm.de/lemo/html/weimar/aussenpolitik/reparationen/index.html
http://www.dhm.de/lemo/html/weimar/innenpolitik/index.html
[14] Deutschland musste Posen, Elsass-Lothringen, das Hultschiner Land und Westpreußen an die Siegermächte abgeben. Quelle: http://www.dhm.de/lemo/html/weimar/versailles/index.html
[15] Quelle, 06.03.2013, 18:57 Uhr: http://www.bpb.de/nachschlagen/lexika/lexikon-der-wirtschaft/19584/galoppierende-inflation
[16] Quelle, 06.03.2013, 19:12Uhr: http://www.dhm.de/lemo/html/weimar/industrie/wirtschaftskrise/index.html
[17] Lüdeke, Alexander: Der Zweite Weltkrieg. Ursachen – Ausbruch – Verlauf – Folgen. Berlin 2007. Seite 278f.

und daher ist sein Geschäft noch geöffnet. Es bleibt die Frage nach dem „Warum sie Hitler wählten"[18], die KPD bot doch auch soziale Argumente[19]. Den interessantesten Aspekt gibt wohl der Anführer der NSDAP, Adolf Hitler. Im Folgenden werde ich eine Rede Hitlers im Münchner Bürgerbräukeller, sieben Monate vor dem „Hitler Ludendorff Putsch" analysieren.

2.3.   Analyse der Rede Hitlers: „Judenparadies oder deutscher Volksstaat?"[20]

Die Rede ist zunächst allgemein gegliedert in Einleitungs-, Haupt- und Schlussteil. Die Überschrift der Rede wird als Frage formuliert, welche Hitler an zwei Stellen beantwortet. Eingeleitet wird mit der Grußformel „Liebe Volksgenossen und Genossinnen!" (Zeile 3). Schon mit den ersten Worten baut Hitler eine Beziehung zwischen sich und den Zuhörern auf. Er macht sich zum Teil der Gruppe und löst sich von der Unerreichbarkeit des elitären Politikers. Diese Grußworte reflektieren zu gleich auch seine Volksideologie [21]. Im Kommenden ersten Abschnitt charakterisiert Hitler die „Sozialdemokratie" (Zeile 4 ff.). Er setzt seinen Schwerpunkt hierbei vor allem auf die politischen Verflechtungen der „sozialdemokratischen Partei" mit den Gewerkschaften, der höheren und nur dem Kaiser unterstellten politischen Klasse und den Marxisten. Er stellt die von ihm nicht bewiesen These auf, die politische Elite schütze die sozialdemokratischen Machenschaften in dem sie die Sozialdemokraten als „[…] harmlose Mummenschanz […] "dem Volke präsentierten, als lustige gesellige Vereinigung, was sie gar nicht sei (Zeile 8f.). Danach behauptet Hitler sei die Partei Zentrum, welche die SPD unterstütze eine marxistische Vereinigung. Mit Hilfe der von ihm gewählten Formulierungen schafft es Hitler eine Angst im Geist des Zuhörers zu erzeugen, dies gelingt ihm aufgrund einer Klimax im ersten Abschnitt. So wird von ihm erst eine Sicherheit im Staat suggeriert, doch sukzessive wird aus den in Sicherheit wiegenden Formulierungen, eine undurchschaubare Konstruktion einer Verschwörung. Weiter spricht er „Wir [die NSDAP] dulden es nicht, daß ein ganzes Volk in Judenknechtschaft gebracht wird" (Zeile 19f.). Durch die von Hitler zuvor als Fakten formulierten, doch tatsächlich nur als Theorien existierenden Behauptungen[22], wird der Jude in die Verkleidung des Verschwörers und somit größten Verbrechers – Hochverräter - der Nation gezwängt. Durch den Einsatz der psychischen Unterdrückung, mittels der Angst und die gezogene undurchschaubare,

[18]Quelle, 06.03.2013, 19:00 Uhr: http://www.youtube.com/watch?v=3vtfdfILdAw
[19] Quelle, 06.03.2013, 19:34Uhr:
http://www.bundestag.de/kulturundgeschichte/geschichte/infoblatt/parteien_weimarer_republik.pdf
[20] Dr. Boepple, Ernst (Hrsg.): Adolf Hitlers Reden. Deutscher Volksverlag. München 1934.
[21] Anne, Jahr: Persuasiv Rhetorik am Beispiel der Rede von Adolf Hitler am 10.02.1933 im Berliner Sportpalast. Studienarbeit. Trier 2008.
[22] Es wird schlicht kein Beweis für die Theorien geliefert.

angeblich Steuerung des Verbrechens durch die Juden, bekommt der Hörende Angst und dadurch einen Hass auf den Juden. Der Hass kommt hauptsächlich dadurch zustande, dass der gemeine Zuhörer sich in seiner Existenz bedroht fühlt, so entsteht im Zuhörer der Trieb der Selbsterhaltung sowie eine gewisse Aggression gegenüber des Gegners. Die Rolle des Gegners fällt hierbei dem Juden zu. Hitler spricht nun im zweiten Abschnitt auch von Terror. Sofort wird dem Zuhörer unterschwellig vermittelt, der Jude sei mit dem Schrecken zu assoziieren. Stilmittelanalytisch ist Zeile 17 ein gutes Beispiel für die antithetischen Formulierungen, zu den Sozialdemokraten gesellte sich der „Terror" - besonders hervorgehoben wird das Ganze noch durch den durch Komma angehängten Satz, durch den Terror halte man die Sozialdemokraten zusammen. Des Weiteren sagt Hitler, dass es bisher nur einen ersichtlichen Zusammenbruch der Sozialdemokratie gab, laut Hitler 1914. Auch hier wird sofort offenbar, dass Hitler die Angst - die Angst vor dem Krieg - nutzt und unmittelbar danach die Formulierung „[...] jüdisch[e] Führer [...] Volksbegaunerer" (Zeile 35f.) anhängt. Anschließend äußert sich Hitler zur Entfremdung der deutschen Nation (u.a. Zeile 61). Interessant ist festzustellen, dass Hitler keinen Beweis für seine aufgestellten Thesen darlegt. Er formuliert Thesen als Aussagen und leitet auf diese mittels einer Rhetorischen Frage hin. „Wann [...] hat nun [...] der Zusammenbruch dieser [...] Bewegung eingesetzt. [...] 1914 ist die internationale Solidarität [...] flöten gegangen. Vorhanden war nur die [...] der jüdischen Führer" (Zeilen 29ff.). Fakten für die Aussage zu den Juden liefert er nicht. Im Weiteren gibt er der „Sozialisierung" Schuld an dem desolaten Zustand der Arbeiterklasse. Er gibt an, die „Internationalisierung" habe Deutschland zu einer Kolonie des Auslandes gemacht und die Fiskalpolitik Deutschlands sei immer mehr „überfremdet" worden (Zeile 45f.). Innerhalb des Hauptteils, ab dem Anfang bis Zeile 58 werden von Hitler nur negative Aspekte die Wirtschaft und die linke Politik betreffend aufgezählt. Erneut stellt er eine Rhetorische Frage, „Ist das nun eine Volksrevolution, ist ein solches Gebilde ein Volksstaat?" (Zeile 59). Die Antwort wird von Hitler im Schriftbild besonders hervorgehoben durch die sog. gesperrte Schrift „N e i n , d a s i s t d a s P a r a d i e s d e r J u d e n." (Zeile 60). In diesem Moment fällt unmittelbar die moralische Schuld auf die Volksgruppe der Juden, hier wird besonders die Diskrimination deutlich, welche schon seit Jahrhunderten in den Köpfen der Europäer verankert war, der Jude sei an materiellem Besitz so sehr interessiert, dass er dafür auch die Gemeinschaft zerstört[23]. Im Anschluss äußert sich Hitler zu einem anderem Thema, er nutzte die Sperrschrift also auch als Schnitt im Redeverlauf. Er spricht von einer „Bodenreform", sagt, dass sie nötig sei, führt sie jedoch nicht genauer aus.

---

[23] Prof. Ekkehard W., Stegemann: Antijüdische Stereotypen in der anthroposophischen Tradition - Fragezeichen ? Aktion Kinder des Holocaust. Aufgerufen: 06.03.2013, 19:40 Uhr: http://www.akdh.ch/ps/ps_60Ref-Stegemann.html

Er relativiert jedoch seine Aussage – so scheint es auf dem ersten Blick zumindest zu sein – um dann den „politischen Expansionswillen" als von großer Wichtigkeit herauszustellen. Expansionswille wird nicht erläutert, man kann wohl davon ausgehen, dass es sich nicht um einen friedlichen Landgewinn handelt. Im Verlauf führt Hitler sogar im Bezug auf den „Boden" an, dass eine Reform Spekulationsgeschäfte fördere, auch hier wird auf Grund der vorherigen Argumentationen zum Thema Wirtschaft, ersichtlich, dass er erneut unterschwellig wieder dem Juden unterstellt die Politik der „Bodenreform", als eine Art Verschwörer zu lenken. Der Jude wird in die Rolle des Landscharrenden, Nation zerstörenden gedrängt. Deutlich in den Zeilen 65ff.. Zunächst wird vom Boden als mögliches Spekulationsobjekt gesprochen, dann als zu schützendes Naturprodukt der gesamten Nation, welches nur angenommen werden könne, wenn man es sich „erarbeitet" habe und dann wird konklusiv festgestellt, dass Grund und Boden keine „Schacherobjekte" seien. Innerhalb dieses Abschnittes ist eine latent negativ klimatische Beschreibung der jüdischen Bevölkerung aufzufinden. Dem Zuhörer ist eine im Kern unlogische Argumentationskette dargelegt worden, welche mittels scheinbar faktenbasierten Argumenten zusammengehalten wird. Im Anschluss an seinen Plan einer Bodenreform wird von einer Kehrtwende im Bereich des Rechts gesprochen. So will Hitler nicht mehr, wie bisher das Private schützen, sondern vor allem den Staat. Er spricht von der „Volksgemeinschaft" und suggeriert das Soziale seiner geplanten „Reform des Rechts" (Zeile 71ff.). Das aktuelle Gesetzt besagt laut ihm, dass die Nation legitim herabgesetzt werden dürfe „[…] Besudelung der nationalen Ehre, der nationalen Größe ist gestattet" (Zeile 71f.), da Minderheiten die Ehre der Allgemeinheit besudelten müsse es jedoch ein neues Gesetz geben. Hitler sagt abschließend zu diesem Punkt, dass das Recht der Minderheit, das sich „so sehr" von der Gemeinschaft entfernte, reformiert werden müsse. Man kann sich hier als Leser sowie Zuhörer fragen, welche Minderheit gemeint sein könnte. Man muss wohl zu dem Schluss kommen, dass es sich um die Randgruppe der Juden handeln muss. Was auch hier deutlich wird. Erneut ist in Erscheinung getreten, dass Negativa den Fortlauf der Redeabschnitte bestimmen, um im Anschluss wieder den Juden damit in Verbindung zu bringen. Im nächsten Schritt wechselt Hitler zum Thema Bildung. „Überbildung" (Zeile 79) sei ein Problem. Die Bildungselite sei nicht in der Lage zu handeln, „Instinkt" und „Wille" (Zeile 80) gingen verloren so Hitler. Auch an dieser Stelle füllt Hitler ein im Volke bekanntes Stereotyp der Juden aus, ohne jedoch den Juden zu erwähnen[24]. Hitler nutzt also das Innuendo als wirksames Mittel, das Stereotyp des intelligenten Juden. In den folgenden Zeilen verbalisiert Hitler wieder die

---

[24] Prof. Ekkehard W., Stegemann: Antijüdische Stereotypen in der anthroposophischen Tradition - Fragezeichen ? Aktion Kinder des Holocaust. Aufgerufen: 06.03.2013, 19:40 Uhr: http://www.akdh.ch/ps/ps_60Ref-Stegemann.html

Unnahbarkeit zwischen den Juden und der Volksgemeinschaft „Wenn wir uns nicht [...] soweit vom Volksempfinden entfernt hätten, hätte der Jude nie [...] den Weg in unser Volk finden können.", er schließt schon mittels dieser Art der Formulierungen diese Volksgruppe komplett aus der deutschen Gemeinschaft aus. An diesem Satz ist eine chiastische Redewendung zu erkennen, gebildet durch den zweimal verwendeten Konjunktiv Plusquamperfekt, welche durch ein Komma getrennt sind und durch den negativ gehaltenen Anfang „Wenn wir nicht [...]" bzw. das negativ gehaltene Ende „[...] nie in unser Volk [...]" (Zeile 82) eingeschlossen wird. Das Wort „wir" sowie das Wort „Volk" stehen beide für ein gemeinschaftliches Handeln bzw. Zusammenleben, sie bilden die anderen Ecken in diesem Chiasmus. Im Weiteren stellt er erneut die Distanz zwischen den Deutschen - wobei im Grunde nie klar ist, welche Menschen er zu den Deutschen zählt – und den Juden heraus, in dem er nun sagt, dass – und Hitler wiederspricht sich selbst innerhalb seiner Argumentation – das Land „geistige Führer" aus dem Volk brauche (Zeile 83f.). Zuvor argumentierte er allerdings, dass es eine „Überbildung" gäbe. An dieser Stelle wird besonders die unlogische, widersinnige Argumentationskette gut sichtbar. Im auf diese Aussage folgenden Satz betont er wieder, dass der Jude an der Spaltung der Gesellschaft schuld sei. Obwohl dies aus seinen Ausführungen nicht als Konsequenz hervorgeht. „Setzen wir an ihre Stelle Intelligenzen aus [...unserem Volke], dann haben wir die Brücke zur Volksgemeinschaft gefunden!" (Zeile 85ff.). Dass eine Brücke gefunden werden muss, suggeriert, dass es eine Spaltung gibt, welche es gilt zu überwinden. Hier wird als die verursachende Kraft ebenfalls der Jude angeführt. Als nächstes geht Hitler auf die Medien- und Kulturlandschaft ein und hier explizit auf die Presse. So ist die Presse laut Hitler zu international, sie vergifte das Volk (Zeile 94). Es bedürfe einer Reform der Presse. Im selben Absatz sagt er, müsse auch das Kunst- und Theaterwesen reformiert werden (Zeile 88ff.). Nach diesem Euphemismus konkretisiert Hitler seine genauere Absicht, er sagt „[...] was einem Volk schadet muss beseitigt werden." (Zeile 95f.). Diese Aussage bedarf im Grunde keiner weiteren Interpretation, dennoch werde ich diese Stelle auf Grund ihrer möglichen schrecklichen Folgen, welches später klar wird, vertiefen. Diese Aussage steht in stark antithetischem Kontrast zu dem zuvor genannten Reformationswillen. Er nutzt die „Reform" geschickt als Legitimation für seinen offenbar schon vorhanden Plan des Holocaust. Seine Aussage: „[...] was einem Volk schadet muss beseitigt werden.", vermittelt dem Zuhörer erneut der Jude sei zu beseitigen – beseitigt wird in der Regel Müll oder auch Ungeziefer, dadurch erzeugt Hitler in den Köpfen der Hörer ebenfalls einen gewissen Ekel -, denn der Jude wird von Hitler immer im Bezug auf Negativa erwähnt. Sequens kritisiert Hitler den pazifistischen Teil der Bürger, die, welche ohne Waffengewalt etwas verändern wollen - was wohl Reformer repräsentieren soll. Auffällig ist,

9

dass Hitler selbst noch rund zwanzig Zeilen zuvor von notwendigen Reformen spricht so wird erneut die unlogische Argumentationskette offensichtlich. Laut Hitler haben Reformer ebenfalls kein Recht auf Existenz, „[...] [ein Volk das seine Verteidigung ablehnt] hat kein Recht auf Existenz" (Zeile 97f.), „Ein Volk das nicht bereit ist sich zu wehren ist charakterlos." (Zeile 101f.). Es scheint als rechtfertige er seine Überzeugung, nur mit Waffengewalt etwas verändern zu können. Zwischen den beiden Zitaten ist im original Text ein in gesperrter Schrift notierter Satz zu lesen, welcher besonders die Charakterlosigkeit der Pazifisten verdeutlichen soll. In Zeile 105 spricht er dem Militarismus seinen negativen Charakter ab. Stattdessen handele es sich um „Selbsterhaltung". Hier liegt eine besonders gut zu erkennende Antithese vor. Zeile 105 bildet zu gleich auch den letzten Satz des Hauptteils. Es fällt auf, dass Hitler als letztes Wort seines Hauptteils „Selbsterhaltung" nutzt. So ruft er dem Zuschauer erneut die mögliche Gefahr durch Verzug ins Gedächtnis, wenn der Jude, der ja alles Negative steuert, nicht aufgehalten wird, wird er das deutsche Volk zerspalten. So beschwört Hitler ein letztes Mal die Angst in den Menschen herauf, bevor er seine abschließenden Lösung vorstellt. Am Schluss angelangt stellt Adolf Hitler die von der NSDAP gewünschten Neuerungen vor. Die Wehrpflicht solle wieder eingeführt werden, um so dem Staat Respekt zu zollen. Er hebt explizit hervor, dass die, welche gegen die Wehrpflicht sind auch gegen den Staat sind (Zeile 106ff.). Weiter appelliert er an seine Hörer sich zu bewaffnen, um ihre Freiheit zu sichern. Auch dieser Teil ist, als einer von vier Textpassagen in gesperrter Schrift vorzufinden, „[...] e u c h [g i b t n i e m a n d] d i e F r e i h e i t [...] a l s e u e r S c h w e r t s e l b s t" (Zeilen 108ff.). Daran wird die Wichtigkeit der Aussage noch einmal pronunziato gezeigt. Er verdeutlicht so, dass der Einsatz von Gewalt nicht nur legitim, sondern auch nötig ist. Unmittelbar danach apostrophiert Hitler, dass die deutsche Nation eine nicht parlamentarische Führungsschicht benötigt, welche nach bestem Wissen und Gewissen handelt (Zeile 110ff.). Weiter werde sich eine neue Nation bilden, wenn es gelänge Führer aus der „Masse unseres Volkes" (Zeile 114) zu generieren. Es scheint, dass Adolf Hitler sich latent selbst in das Zentrum der möglichen Führer stellt. Schließlich scheint er der aus dem Volke emporgegangene zu sein, welcher, aufgrund seiner im Hauptteil aufgedeckten jüdischen Verschwörung, die Nation wieder von Grund auf verbessern will. So argumentiert Hitler im Hauptteil im Sinne der „Volksgemeinschaft", also vor seinem „Gewissen, Gott und der Welt" (Zeile 104) vertretbar. So hebt er sich im Sinne seiner eigenen Definition zum besten Kandidaten für das Führeramt. Im Anschluss ruft er wieder das „terrorisieren" (Zeile 117) sowie das „unterdrücken" (Zeile 117) ins Gedächtnis des Zuhörers. Wieder steht hier der Komplex der jüdischen Drahtzieher der Probleme in Deutschland im Raum. Zugleich spricht er davon, dass die nationalsozialistische Bewegung immer weiter wächst, so lange bis sie von „ihnen" – hier ist auffällig, dass er nicht explizit sagt wer, wobei die Juden sehr naheliegend sind – nicht mehr niedergeknüppelt werden könne (Zeile 119f.). Jetzt beantwortet Hitler zum zweiten mal die in der Überschrift der Rede aufgeworfene Frage. „[...] Deutschland [ist heute] kein Volksstaat [...]" (Zeile 122). Analogisch heißt dies, dass es sich nicht mehr um etwas Deutsches handelt, da Hitler sich für die zweite Antwortmöglichkeit der Fragestellung „Judenparadies oder deutscher Volksstaat?" (Zeile 1) entschieden hat. Ein letztes mal wird dem Deutschen seine Identität, vermeidlich durch den Juden, genommen. Die finale Konklusion umfasst die letzten beiden Sätze, die besagen, dass ein „Volksstaat" entstehen müsse und dass die Bewegung, die Nationalsozialisten die Genossen zum Kampf hierfür ausbilden werde (Zeile 123f.). Auch hier wieder der Apell an die Menschen von der Gewalt gebrauch zu machen. Abschließend wird an den „Stolz" angeknüpft, der mit der „Bewegung" verbunden sei. Dies ist eine letzte Bitte an die Hörer sich für Hitlers „Bewegung" zu engagieren und für den freien Staat zu kämpfen „[...] diese Aufgabe, das ist unser Ziel. Es ist der Stolz unserer Bewegung[...]" (Zeile 125). Es liegt nahe, dass die „Aufgabe" wohl die Beseitigung des Juden sein wird.

2.4.   Inszenierung, Sprachverhalten, Gestik und Mimik

Die zuvor analysierte Rede liegt mir nur in Textform vor, daher ist es mir nicht möglich anhand dieser Hitlers Ausgestaltungen zu betrachten. Hier für werde ich von Filmmaterial der ersten Rede Hitlers vor dem Berliner Sportpalast am 10.02.1933 gebrauch machen.

2.4.1. Inszenierung

Tausende Menschen drängen auf den Filmaufnahmen in den für rund zehntausend Menschen ausgelegten Berliner Sportpalas, so viele, dass die rund zehn SA-Männer, welche vor dem Palast wachten den Eingang verschließen mussten. In dem Sportpalast selbst standen die Zuschauer, es wurde ein rund zwei Meter breiter Weg für den Führer zuvor durch aneinander gereihte SA-Männer gebildet, diese Männer hielten alle ihre rechte Hand zum sog. Hitlergruß in die Höhe. Der Weg führte aus der Sicht des Rednerpultes über die rechte Seite der Halle auf die Höhe des Pultes, dann knickte der Weg nach links ab, so dass der Führer beim Einmarsch direkt vor dem Rednerpodium stand. Begleitet wurde der in der Mitte des Ganges laufende Führer von mehreren in schwarzen Uniformen gekleideten Männern, diese liefen jedoch hinter ihm. Lediglich einer der Männer lief rund zehn Meter vor dem Führer, vermutlich zur Absicherung. Es fällt auf, dass der zivile Zuschauer kaum eine Möglichkeit hatte Adolf Hitler zu Erblicken auf Grund der unzähligen Männer um ihn herum. Während des Einmarsches sind Rufe des nationalsozialistischen Grußes „Sieg heil!" zu hören. Für die nicht im Sportpalast anwesenden wird die Atmosphäre mittels Lautsprechern nach draußen übertragen. Nach kurzer Zeit wird die Nationalhymne angestimmt. Nun hallen neben dem „Sieg heil!" auch die lautstrak gemeinsam gesungene Hymne „Deutschland, Deutschland" durch die Halle und über die Lautsprecher auch draußen über die Straßen. Vor dem auf einem Podium stehenden Pult steht Hitler. Wichtig ist zu erwähnen, dass Hitler auf seiner jetzigen Position, bestens von Scheinwerfern angestrahlt, für jeden zu sehen ist. Die Kleidung, die er trägt ist die selbe Kleidung, die auch von den SA-Männern getragen wird. Es handelt sich nicht um eine aufwendige, hochwertig wirkende Uniform. Hinter dem Rednerpodium stehen die NSDAP-Genossen. An den Wänden stehen sehr viele kleine Flaggenmasten mit sog. Hakenkreuzfahnen. Die Wand selbst ist ungefähr fünfundzwanzig Meter hinter dem Podium gelegen, genau in der Mitte der Wand ist eine circa zehn Meter breite und fünf Meter hohe Hakenkreuzfahne auf die Wand gestrichen. Der Mittelpunkt des Hankenkreuzes bildet, frontal auf den Redner blickend, dieser selbst. Ein großes Banner, ungefähr zwei Meter über der Flagge an der Wand hängend, hat als Aufschrift „Der Marxismus muss sterben damit die Nation wieder aufstehe!". Es ist davon auszugehen, dass viele Fotografen anwesend sind, da häufig Blitzlichter zusehen sind.

2.4.2. Ausgestaltung mittels Gestik, Mimik und Sprachverhaltens

Adolf Hitler schreitet schnellen, dezidierten Schrittes in Richtung des Rednerpodiums. Er begrüßt die ihn mit dem sog. Hitlergruß Willkommen heißenden SA-Männer mit der für den Führer signifikanten Anhebung des rechten Unterarms. Seine linke Hand hält einstweilen die Schnalle seines Gürtels fest. Der Führer wirkt im Gegensatz zu den in Euphorie verfallenen Zuschauern ernst. Seine Augenpartie ist von leicht zusammen gezogenen Augenbrauen und somit von streng wirkender Erscheinung. Die Mundwinkel sind weder nach oben noch nach unten gezogen. Er wirkt im Ganzen sehr konzentriert. Nachdem die Nationalhymne zu singen begonnen wird verändert sich seine Mimik sowie seine Gestik in keiner Weise. Hinter dem Podium angelangt dreht Adolf Hitler sich in Richtung der Partei um, auch nun als er seine NSDAP-Genossen anblickt, ist keine Emotionen aufweisende Mimik zu erkennen. Die Mundwinkel suggerieren viel mehr eine noch apodiktischere Art als noch auf dem Weg, da nun beide Winkel heruntergezogen sind und seine Brauen noch stärker zusammen gezogen sind. Anschließend auf dem Podium vor dem Rednerpult stehend, legt Hitler die rechte Hand in seine linke und lässt seine Arme vor dem Bauch hängen. Er schaut nicht in die Menge. Sein Blick ist in 45° Richtung gen der oberen Ecke der ihm gegenüberliegenden Wand gerichtet.

Der Führer wirkt auch hier äußerst ernst, trotz des lauten Jubels der Menge. Hitler wirkt, wie in einer Kirch vor dem Altar stehend. Andächtig scheint er zu sein, der Blick wirkt des Weiteren obskur. So wartend steht Hitler dort für einige Zeit bis er erneut die charakteristische Begrüßungsgeste macht. In diesem Moment schweift sein Blick auch zum Ersten mal durch die Menge. Während die rechte Hand grüßt ist die Gürtelschnalle immer noch in festem Griff der linken Hand. Zum ersten Mal kommt mehr Bewegung in den Körper des Führers. Er blick nach unten auf das Pult und verlagert das Gewicht vom einen auf das andere Bein. Auch hier scheint der Führer äußert in sich gekehrt zu sein. Darauf schließt er seine Augen, spannt seine Gesichtsmuskulatur an und atmet sichtbar kräftig ein. In diesem Moment mutet es an, dass er selbst stark angespannt ist und sich ein letztes Mal vor der Rede auf sich besinnt. Die Menge, welche nicht weniger Jubelt als noch zum Anfang scheint er zwar wahr zu nehmen, dennoch reagiert er nicht auf sie. Kurz vor Beginn der Rede verschränkt er seine Arme, während sein Blick von links nach rechts durch die Massen gleitet. Anschließend schaut er nach oben und dann mit dem Blick erneut langsam von rechts nach links. Sein gesamtes Auftreten wirkt bis ins Detail geplant. Die Art seiner Bewegungen scheint immer perfekt taktisch. Einige Sekunden vor Redebeginn wird sein Blick noch einmal ernster als er bis zu diesem Punkt je war. Seine Mimik suggeriert die ganze Zeit über, dass es ihm um seine vorzutragende Sache äußerst ernst ist. Er beginnt leise zu rede, die Menge ist sehr schnell absolut still, die Stimme hallt mittels der Lautsprecher durch den Sportpalast. Nach der Grußformel schweigt Hitler wieder für einige Sekunden. Hitler nutzt oft die Stille um eine Spannung auf das Kommende zu erzeugen, so setzt er anfangs sogar Pausen zwischen Haupt- und Nebensätzen. Während er auf diese Weise spricht hält er seine Arme erneut vor seinem Bauch, der gesamte Körper - ausgenommen der Kopf - bewegt sich nicht. Nach einigen Sekunden des Redens wird seine Intonation deutlich kräftiger und seine Syntax sukzessive schneller. Hier ist eine deutliche klimatische Redeweise zu erkennen. Elementar ist, dass Hitler keine Gestik nutzt, er bewegt sich nahezu nicht. Sehr auffällig ist die plötzliche Peripetie. Der Führer scheint mit einem Mal die gesamte Spannung zu entladen. Seine Gestik wird äußerst aktiv. Er deutet mit dem gehoben Arm und dem vor und zurück schnellenden Zeigefinger seiner rechten Hand, während sich seine Stimme zu überschlagen scheint. Während dessen hebt sich sein Körper. Nach dem ersten Ruf des „Bravo!" aus der Masse, beginnt der gesamte Saal zu jubeln. Hitler schweigt erneut kurz, gestikuliert jedoch mit seinem rechten Zeigefinger ruhefordernd weiter. Die Menge wird leiser. Hitler nutzt erneut lediglich seinen rechten Arm zum schnellen Gestikulieren. Seine Mimik ist nun immer noch ernst, jedoch öffnet er seinen Mund, blickt mit weit geöffneten Augen. Während dessen hebt er nun beide Hände auf Schulterhöhe nahe seinem Kopf. Er nutzt während seiner Reden häufig das Mittel der Apostrophe, so auch in diesem Fall. Wenn Hitler vom „wir" spricht deutet seine Gestik auf den sternal Bereich. Er verdeutlicht so, dass er sich explizit zu den Zuhörern, also zu der Gemeinschaft dazu zählt. Bei der Ansprache der „eigenen Arbeit", „eigenen Entschlossenheit" und „eigenen Beharrlichkeit" ballt Hitler eine Faust und bewegt sie unter offenbar großer Verwendung von Kraft vor seinem Brustkorb auf und ab. Ab dem Aspekt „eigene Beharrlichkeit" nutzt er auch die zweite Faust. Auch hier ist eine starke Klimax zu erkennen. Hitler verwendet bei der Nutzung Bestätigung ausdrückender Worte oder auch um die Exaktheit von Etwas zu exponieren, den rechten, waagerechten Arm und schüttelt die mit dem ausgestreckten Zeigefinger versehene Hand. Deutlich ist seine fanatische Mimik - weit geöffnete Augen und ein weit geöffneter Mund - zu erkennen, wenn seine Stimme immer lauter zu werden, sich überschlagen zu scheint. Insgesamt ist zu erkennen, dass er seine Gestik und Mimik nutzt um den Inhalt seiner Reden demonstrativ hervorzuheben. Außerdem wird gezielt von Hitler eine klimatische Intonation verwendet.

3.   Konklusion

Insgesamt ist es wohl nicht zu verkennen, dass Adolf Hitler einen wesentlichen Teil zum Erfolg der NSDAP beigetragen hat. Es gelingt ihm durch seine geschickt gewählten Formulierungen, seine Thesen sowie seine bzw. die Meinungen der Partei geschickt fundiert aussehen zulassen und dies ohne eine Beweisführung zu unternehmen. Des Weiteren suggerieren seine Texte, dass der Jude der Verschwörer von allem Übel, welches in Deutschland während der Zwanziger- bzw. Dreißigerjahren herrschte sei. Durch detaillierte Ausgestaltung von Negativa, gefolgt von der Verflechtung mit der jüdischen Volksgruppe, assoziiert der Leser bzw. Zuhörer den Juden schnell mit dem Schlechten. Es zeugt von einer guten Persuasion, dass es mir in der Tat erst beim zweiten Male des Lesens aufgefallen ist, dass Hitler nicht einen untermauernden Beweis liefert. Weiter nutzt Hitler einige Stilmittel, jedoch bedient er sich oft der selben. Bis auf einen komplexen Chiasmus sind die Stilmittel auch eher von einfacher Art, wenn man sie mit denen eines Cicero vergliche. Es muss unbedingt festgehalten werden, dass Hitler aber sein Ziel, das Überzeugen der Zuhörer hiermit am besten erreicht, so befördern die oft gewählten Antithesen zum Beispiel die Assoziationen das der Juden gleich dem Terror sei. Im Weiteren sind stets klimatische Züge, ob bei der Textgestaltung oder auch bei der Ausgestaltung der Reden, mittels seiner Gestik und Mimik zu verzeichnen. Auf diese Weise wird der Zuschauer sehr gespannt auf das was Hitler sagt. So beginnt Hitler seine Reden zunächst ohne etwas zu sagen. Ich erkenne dies durchaus so wie ich es zuvor schrieb. Zu Hitlers Reden zählt unbedingt auch sein Verhalten vor dem Sprechen. Die lange Wartezeit im absoluten Zentrum des Sportpalastes, frontal gesehen vor der Mitte des Hakenkreuzes, perfekt angestrahlt von Scheinwerfern und eine, für damalige Verhältnisse optimale Akustik mittels der Lautsprecher sorgte für die bis ins kleinste Detail geplante Inszenierung des Führers. Ich denke, dass es sich in der Tat nicht nur um eine Rede handelt. Adolf Hitler konnte die Begeisterung der Massen auf sich ziehen durch seine perfektionierten Auftritte die er darlegte. Die gesamte Atmosphäre für die er sorgte war so denke ich, für viele Bürger Anlass genug eine solche Rede hören zu wollen. Es gab einen Spannungsbogen von dem heutige Politiker nur träumen können. Die Massen waren hierbei von Anfang an in Euphorie verfallen, schon bevor der Führer überhaupt im Saal war, Hitler blieb - der Lage der Nation entsprechend – immer ernst und transportiert auch so die Botschaft der richtige Mann für die prekäre Situation zu sein, da er in Momenten der Aufruhe kühlen Kopfe zu bewahren scheint. So weist die Person Hitler selbst einen Spannungsbogen auf, sein gesamtes Verhalten ist von klimatischer Struktur bis irgend wann ein Höhepunkt erreicht ist bei welchem die Menge sich ihrer Anspannung zu entladen scheint. Jede Geste die Hitler verwendete ist gut einstudiert und sinnvoll eingesetzt. Ebenso seine Intonation. Hitlers Talent Reden zu halten, welche Menschen und später große Menschenmassen bis hin zu einem ganzen Volk zu seiner Ideologie bekehrten, war das Mittel was der NSDAP und schließlich ihm die Macht verschaffte. Dem Volk ging es schlecht, die Arbeitslosigkeit war hoch, so auch das soziale Elend. Das Volk sehnte sich nach Besserung, da Hitler das Versprechen der Besserung deutlich besser vermitteln konnte als die Vertreter der KPD und Hitler sich selbst nie als einen unerreichbaren Politiker, sondern viel mehr als ehrvollen Volksgenossen mit einer bis heute faszinierenden Gabe des Auftretens, Vermittelns und Überzeugens von politischen Inhalten, welche mit gesundem Menschenverstand betrachtet eigentlich als absurd zu deklarieren wären – es gibt schlicht keinen Grund und erstrecht keinen Beweis, dass die jüdische Minderheit Deutschland zu Fall bringen wollte - darstellte, ist nahezu von Zwang, dass die Deutschen sich für Hitler und seine NSDAP entscheiden mussten. Hitler schuf einen neuen Charakter der Politik. Ich denke, Hitler ist ein charismatischer Herrscher, sein Talent des Redens baute er weiter aus, bis zu einer perfekten Inszenierung seiner Person. Sein Charisma kennzeichnet – nach meiner Meinung – die bis heute unerreichte rhetorische Gabe, mittels optimal einstudierter Gestik, Mimik und sehr intelligent formulierten persuasiven Reden nicht nur einige Menschen, sondern die breite Menge von sich und seiner Ideologie zu überzeugen. Es ist denke ich gegeben, dass man noch den Aspekt der Propaganda genauer betrachten kann, um so herauszufinden in wie weit die Werbung der NSDAP für die fast grenzenlose Loyalität gegenüber dem Führer dienlich war. Ein anderer Punkt wäre auch die Wahrnehmung des Charakters und der Herrschaft Adolf

Hitlers im Ausland zu untersuchen. Ich denke, dass diese wissenschaftliche Arbeit jedoch ein gutes Kompendium über die Gründe bietet, warum Hitler derartig im Volke auf Legitimation für die Diskrimination von Menschen und letztlich die Legitimation u.a. für den Holocaust, die Euthanasie und den Zweiten Weltkrieg bekam.

Hiermit versichere ich, dass ich die vorliegende Facharbeit in vollem Umfang selbstständig erarbeitet habe.

4. Quellen- und Literaturverzeichnis

4.1. Literaturverzeichnis

Anne, Jahr: Persuasiv Rhetorik am Beispiel der Rede von Adolf Hitler am 10.02.1933 im Berliner Sportpalast. Studienarbeit. Trier 2008.

Dr. Müller, Hans F., Bertelsmann Lexikon Institut (Hrsg.): Das moderne Lexikon. In zwanzig Bänden. Gütersloh 1971.

Dr. Boepple, Ernst (Hrsg.): Adolf Hitlers Reden. Deutscher Volksverlag. München 1934.

Fest, Joachim: Hitler. Eine Biographie. 9. Auflage. Berlin 2006.

Frei, Norbert: Der Führerstaat. Nationalsozialistische Herrschaft 1933-1945. München 2001.

Kershaw, Ian: Hitlers Macht. Das Profil der NS-Herrschaft. München 2001.

Lüdeke, Alexander: Der Zweie Weltkrieg. Ursachen – Ausbruch – Verlauf – Folgen. Berlin 2007.

Maser, Werner: Hitlers Mein Kampf. Entstehung, Aufbau, Stil und Änderungen, Quellen und Quellenwert, kommentierte Auszüge. Ein bedeutender Hitler-Forscher untersucht die Geschichte der Neuzeit. München 1966.

4.2. Quellenverzeichnis

http://www.youtube.com/watch?v=QtB_bkXnPLQ

http://www.youtube.com/watch?v=FnIcG79c57s

http://www.youtube.com/watch?v=BXGxBoRwzJw

http://www.duden.de/rechtschreibung/Charisma

http://www.dhm.de/lemo/objekte/statistik/wa193223/index.html

http://www.daserste.de/unterhaltung/film/filmmittwoch-im-ersten/sendung/nacht-ueber-berlin-100.html

http://www.zeit.de/1953/12/der-mythos-des-ermaechtigungsgesetzes

http://www.professor-bellinger-berlin.de/hist_ma30.html

http://www.youtube.com/watch?v=ezHV-ewgEKM

http://www.youtube.com/watch?v=3vtfdfILdAw

http://www.bpb.de/geschichte/deutsche-geschichte/kaiserreich/138902/einfuehrung

http://www.dhm.de/lemo/html/weimar/revolution/index.html

http://www.dhm.de/lemo/html/weimar/versailles/index.html

http://www.bpb.de/nachschlagen/lexika/lexikon-der-wirtschaft/19584/galoppierende-inflation

http://www.dhm.de/lemo/objekte/statistik/infstad/index.html

http://www.dhm.de/lemo/html/weimar/industrie/index.html

http://www.schaefer-westerhofen.de/schule/dustilmittel.htm

http://www.bundestag.de/kulturundgeschichte/geschichte/infoblatt/parteien_weimarer_republik.pdf

http://www.youtube.com/watch?v=kGOItwKQzMk

http://de.academic.ru/pictures/dewiki/66/Bundesarchiv_Bild_102-10391A,_Berlin,_Wahlversammlung_der_NSDAP_im_Sportpalast.jpg